NOUVELLE

REVUE HISTORIQUE

DE

DROIT FRANÇAIS ET ÉTRANGER

PUBLIÉE SOUS LA DIRECTION DE MM.

R. DARESTE
Membre de l'Institut,
Conseiller honoraire
à la Cour de Cassation.

A. ESMEIN
Membre de l'Institut,
Professeur
à la Faculté de droit de Paris.
Président de section à l'École
pratique des Hautes-Études

G. APPERT
Docteur en droit.

J. TARDIF
Docteur en droit,
Archiviste Paléographe

M. PROU
Membre de l'Institut,
Professeur
à l'École des Chartes.

P. DARESTE
Docteur en droit

SECRÉTAIRE DE LA RÉDACTION

Félix SENN
Professeur à la Faculté de droit de Nancy

PRIX DE L'ABONNEMENT ANNUEL

Pour la France...................... **18 fr.**
Pour l'Étranger.... .... **19 fr.**

DÉCISIONS DE JURISPRUDENCE NORMANDE

(Échiquier. Début du xivᵉ siècle).

Par Ernest PERROT

LIBRAIRIE
DE LA SOCIÉTÉ DU

RECUEIL SIREY

22, rue Soufflot, PARIS, 5ᵉ Arrond.

L. LAROSE & L. TENIN, Directeurs

—

1911

DÉCISIONS DE JURISPRUDENCE NORMANDE

(*Échiquier. Début du xiv* siècle*).

Le petit recueil de jurisprudence normande que nous livrons aujourd'hui à la publicité ne nous est parvenu, à notre connaissance, que par trois manuscrits, inégalement complets.

I. — Les manuscrits de la collection.
Leur classement. — Établissement du texte.

1° Le ms. latin 1426 B de la Bibliothèque Nationale présente notre collection dans son état le plus complet (1). Celle-ci y occupe les folios 143 v° à 145 r° et y est formée de sept paragraphes. Elle y est suivie, dans les folios 145 r° à 147 v°, d'extraits de la quatrième compilation des jugements d'Échiquier du xiii° siècle dans la version française (2), d'un texte intitulé « Ce sont les drois des meffés tauxés selon coustume » (f° 147 v° à 148 r°) (3), de deux

---

(1) C'est un ms. de praticien normand du commencement du xv° siècle, contenant, outre la version française du *Grand Coutumier* de Normandie, un grand nombre de textes divers. Il a été minutieusement étudié et décrit par M. E.-J. Tardif, *Coutumiers de Normandie*, t. I-2, p. vii-xi. Les textes que nous publions ci-dessous sont ceux que M. Tardif a signalés sous les n°⁸ 14 et 17 de sa description.

(2) N° 15 de la description de M. Tardif, *op. cit.*, p. x, et note 4. — Le texte de cette version française de la quatrième compilation est légèrement différent de celui du ms. n° 1743 de la Bibliothèque Sainte-Geneviève (p. 257-316), le seul que connurent L. Delisle (*Recueil des Jugements de l'Echiquier de Normandie*, p. 252) et Marnier, et que publia ce dernier dans ses *Etablissements et Coutumes, Assises et Arrêts de l'Echiquier de Normandie*, p. 111-201. Les dates données par le ms. 1426 B sont fautives, comme l'a déjà remarqué M. Tardif, *op. cit.*, p. x, n. 4.

(3) N° 16 de la description de M. Tardif.

arrêts relatifs au douaire (f° 148 r° et v°) (1), etc. — De ces deux arrêts relatifs au douaire, le second, daté de 1296 et commençant par les mots « *Nicolaus Ogeri*..... » a eu la bonne fortune d'être souvent transcrit dans les marges des mss. de la *Summa de Legibus*; c'est à ce titre que nous l'avons publié naguère (2). Le premier au contraire ne nous est connu que par notre ms. 1426 B; l'intérêt qu'il présente nous a déterminé à l'adjoindre, sous le n° 8, aux sept décisions de jurisprudence qui composent à elles seules le petit recueil dont nous nous occupons présentement et dont il est séparé par trois folios à peine dans le ms.

2° Le ms. lat. 11032 de la Bibl. Nat. (3) donne également notre recueil, mais de façon moins complète. Dans les pages 222, col. 2 à 223 col. 2, une main différente de celle qui exécuta les 220 premières pages du ms. a transcrit les quatre premiers paragraphes de notre recueil et les premiers mots du cinquième, dans la première moitié du xiv° siècle.

3° Le ms. 881 de la Bibliothèque de Rouen (anc. ms. Y 176), qui date du xvi° siècle, est encore plus incomplet. Il ne donne que les deux premiers paragraphes de notre recueil, aux folios 132 v° et 133 r° (4). Mais des pages blanches ont été réservées à la suite pour compléter la collection.

(1) Nos 17 et 18 de la description de M. Tardif.

(2) *Arresta communia Scacarii*, éd. Er. Perrot, 1910, appendice, n° 148, p. 115.

(3) Décrit par M. E.-J. Tardif, *Coutumiers de Normandie*, t. I-1, p. xiii-xix.

(4) Nos deux arrêts ne sont pas indiqués dans la description sommaire de ce ms. donnée par M. Omont dans le *Catalogue général des manuscrits des bibliothèques publiques de France*, t. I (Rouen), p. 224. Ils nous ont été signalés dans ce ms. par M. Génestal, professeur à la Faculté de droit de Caen, qui doit prochainement s'occuper de ce ms., et que nous voulons remercier ici, ainsi que notre ami M. Ritter, bibliothécaire à Rouen, qui a bien voulu nous envoyer copie du texte de nos arrêts dans ce ms. avec une description détaillée de celui-ci.

Il ne nous paraît pas possible d'adopter un classement logique de ces trois manuscrits. Tous trois présentent des particularités fautives qui ne se rencontrent que chez l'un d'eux. Cependant, les deux arrêts conservés par le ms. de Rouen se rapprochent plutôt du texte correspondant du ms. lat. 11032 que de celui du ms. lat. 1426 B. En effet, dans le texte n° 1, vers la fin, le ms. de Rouen et le ms. lat. 11032 donnent tous deux la leçon « ... *hors familié du pere* [om. *et de mere*], *ne ne tient rien par partie de pere ne de mere* [1426 B = *rien d'eulx*] ». De même, dans le n° 2, ces deux mss. sont seuls à donner la leçon « *par raison de son cousin ou de son nevou.....* ». Mais le peu d'étendue des textes que nous donne le ms. de Rouen ne permet pas d'asseoir une conclusion absolument sûre sur sa parenté avec les deux autres mss.

Aussi bien sommes-nous réduit, pour désigner ces manuscrits par des lettres, à suivre l'ordre chronologique de leur exécution. Nous désignerons par la lettre *A* le ms. lat. 11032 de la Bibl. Nat., dont l'écriture date de la première moitié du xıvᵉ siècle. Nous emploierons la lettre *B* pour désigner le ms. lat. 1426 B de la Bibl. Nat., qui date du début du xvᵉ siècle, selon M. Tardif (1), et la lettre *C* pour désigner le ms. de Rouen, qui, pour ce qui est du moins des pages où sont transcrits nos arrêts, a dû être exécuté au milieu du xvᵉ siècle (2).

A défaut d'indications sûres tirées du classement des manuscrits, nous avons dû établir notre texte en partant du manuscrit qui nous semblait offrir le meilleur sens et le plus de garanties. Le choix du ms. *A* nous a été dicté par les considérations suivantes : c'est le texte le plus ancien, tant par la langue que par la date du

---

(1) E.-J. Tardif, *op. cit.*, I-2, p. vııı.

(2) La date proposée d'ordinaire pour l'exécution de ce ms. (xvıᵉ s.) semble ne valoir que pour la seconde partie du ms., celle qui contient l'*Ancien Stille de procéder*.

ms. qui le donne ; c'est le texte qui, pour les deux premiers numéros, concorde avec le ms. *C*, au moins sur quelques points ; c'est enfin le texte qui donne le meilleur sens. — A partir du n° 5, nous avons dû nous contenter du texte donné par le ms. *B*, le seul qui nous soit parvenu. C'est lui que nous avons suivi pour établir la première ligne du n° 5, qui est encore commune à *A* et *B*.

Les principes dont nous nous sommes inspiré pour l'établissement du texte et des variantes sont ceux qui nous ont déjà guidé précédemment. Seules, les variantes purement orthographiques ont été négligées ; et cela, seulement dans le cas où elles ne portaient pas sur des mots techniques (1).

(1) Nous nous permettons d'insister sur ce point de méthode parce que le bien-fondé en a été contesté (voir le compte rendu de notre édition des *Arresta communia Scacarii* par M. R. de Fréville, dans le *Moyen-âge*, 1910, t. 14, p. 329). — Nous ne pensons pas que l'édition d'un texte juridique puisse être soumise à des règles semblables de tout point à celles d'un texte d'ordre littéraire ou autre. Pour celui-ci, il suffit, nous en convenons, de rechercher le meilleur texte, d'après le classement des manuscrits, et de le donner scrupuleusement ; ou, si l'on est en face de plusieurs familles de mss., d'en donner les variantes irréductibles, en négligeant, en particulier, les fautes et les variantes de mss. qui ne sont évidemment que de simples copies d'un autre ms. connu. Pour un texte d'ordre juridique, ce serait très insuffisant. Il importe, en effet, d'avoir non seulement le meilleur texte original, mais aussi toutes les variantes, toutes les corrections, toutes les interpolations, toutes les fautes, voulues ou non, qui se rencontrent dans tous les mss., même les simples copies. Bien souvent, le fait que, dans une copie, le scribe a estropié un mot qu'il ne comprend plus, corrigé ou expliqué un mot qu'il comprend encore, mais dont il craint que les lecteurs futurs ne comprennent plus la portée, supprimé un membre de phrase ne répondant plus à rien, ce fait permettra à l'historien du droit d'établir, d'après la date de la copie, le moment où une institution est tombée en désuétude. Or, ne sait-on pas que c'est là une des plus grosses difficultés des études historiques portant sur les institutions ? Et d'autre part, à un moment où l'imprimerie n'existait pas, les plus vulgaires copies pouvaient avoir une influence considérable sur la pratique des tribunaux où on les produisait ou sur la formation théorique des praticiens qui les possédaient et les consultaient. Un mouvement d'idées ou de jurisprudence a fort bien pu un jour être déterminé par le texte fautif ou remanié d'un mauvais ms. qui n'est que la copie négligée d'un autre ms., correct, qui nous est également parvenu. — Nous

II. — Étude interne de la Collection.

Les textes que nous publions ci-dessous sont considérés par les quelques personnes qui les ont vus dans les mss. et les ont parcourus, comme des décisions de jurisprudence. Cette opinion est fondée, à notre sens. En effet, presque partout il y est fait mention d'une décision judiciaire intervenant dans une question préalablement posée (1). Seuls, les n°ˢ 2 et 7 ne portent pas de trace matérielle de leur origine judiciaire. Mais leur réunion avec les autres textes qui sont certainement jurisprudentiels ne laisse guère de doute sur leur commune origine.

Cependant ces décisions judiciaires ont subi un travail de généralisation comme il était fréquent de faire, alors, pour les jugements dont les praticiens désiraient conserver le souvenir en les copiant à la fin de leurs coutumiers manuscrits. Elles ne contiennent plus ni mention de la juridiction qui les a rendues, ni noms propres, ni dates.

Il en résulte de grosses difficultés pour déterminer sûrement leur origine et leur date. On peut tout au plus émettre l'hypothèse que ce sont des décisions rendues par l'Échiquier de Normandie, antérieurement au milieu du xiv° siècle.

Et, d'abord, ce sont sans doute des jugements de l'Échiquier de Normandie. — Leur caractère purement normand est évident à première vue; en outre leur inser-

persistons donc à penser que, en ce qui concerne les textes d'ordre juridique, il n'y a pas de mss. intéressants et de mss. sans intérêt, pas de variantes typiques et de variantes négligeables. Tout est susceptible de fournir de précieuses indications aux travailleurs qui savent utiliser judicieusement cet ordre de renseignements.

(1) Voir *infrà*, n° 1 : « *Jugement dit si comme....* » ; n° 3 : « *Jugement dit que...* ». De même aux n°ˢ 4, 5 et 6. — Quant au n° 8, qui est en dehors de notre collection proprement dite, son caractère de décision judiciaire résulte encore plus nettement de tout son contenu.

tion dans des manuscrits de praticiens normands vient renforcer ce sentiment. Mais c'est également rendu indiscutable, au moins pour l'un de ces textes, le n° 5, par la mention qui y est faite du jugement rendu conformément à la coutume de Normandie. — L'attribution à l'Échiquier reste plus douteuse et seulement vraisemblable. Elle repose d'abord sur une allusion faite à l'un de nos arrêts par un texte de l'*Ancien Stille* : l'arrêt entre Jehan Ducloz et Jehan Morel rapporté au chapitre 65 (1) raconte que Jehan Morel, voulant repousser une clameur de marché de bourse intentée par Jehan Ducloz et sa femme au sujet d'une vente faite par la mère de la femme de Ducloz, crédirentière, à Morel, débirentier, d'une partie de la rente due par celui-ci, allégua « que sur ledit cas il y avait ung jugié d'eschiquier faisant mention que nul du lignage à aucun vendeur ne se peut clamer de rente vendue que son parent a vendue à celluy qui la doit, pourveu qu'il demeure résident de la rente qu'il doit, pour ce qu'il est homme à deux, etc. ». Le jugé d'Échiquier ainsi visé est soit celui qui fut rendu en ce sens, en effet, à l'Échiquier tenu à Rouen le 7 mai 1245 (2), soit encore le jugé sans date conservé dans la collection que nous publions (n°4). Or, il y a lieu d'écarter le jugé de 1245, car son libellé, tel du moins que pouvaient le connaître les praticiens qui l'invoquaient et le rencontraient dans la quatrième compilation, est très laconique et ne donne pas en particulier, la raison typique rapportée dans le jugé invoqué par Jehan Morel : « pour ce qu'il est homme à deux ». Tandis que, tout au contraire, le

---

(1) *Ancien Stille de procéder*, édité par Marnier et de Valroger dans le t. XVIII des *Mémoires de la Société des Antiquaires de Normandie* (1847) sous le titre de « *Coutume, Style et Usage au temps des Échiquiers de Normandie* », p. 53, col. 2.

(2) Jugé transmis par la quatrième compilation. Texte français dans : L. Delisle, *Jugements de l'Échiquier*, n° 769; texte latin dans : Auvray, *Jugements de l'Échiquier* (*Bibliothèque de l'École des Chartes*, 1888, t. 49, p. 640).

jugé contenu dans notre collection donne cette même raison, et dans ces propres termes. C'est donc très vraisemblablement lui qu'invoquait Jehan Morel en le qualifiant de « jugié d'eschiquier ». Cette attribution de nos textes à l'Échiquier est d'ailleurs confirmée par le titre donné à notre collection dans le manuscrit de Rouen : « *Incipiunt arresta scacarii* ». Isolée, cette mention dans un manuscrit en somme assez récent n'aurait point été d'un grand poids; mais rapprochée de l'allusion faite par Jehan Morel, elle rend fort vraisemblable l'attribution de notre collection à l'Échiquier. — Le n° 8 seul est d'origine encore plus douteuse, bien que ce fussent principalement des décisions d'Échiquier qu'aimaient à recueillir les praticiens en appendice à leurs manuscrits de la coutume.

La date des jugés conservés dans notre collection est encore plus difficile à déterminer avec précision. La langue employée par le plus ancien manuscrit est tout au plus un *terminus ad quem* de la même signification que pourrait être l'écriture même, car les copistes avaient coutume de rajeunir la langue des textes qu'ils transcrivaient. Il n'y a qu'à rapprocher la langue des manuscrits *B* et *C*, rajeunie, de celle du ms. *A*, pour s'en convaincre d'un coup d'œil. — Nous pensons cependant que l'on peut fixer comme date extrême à notre collection le milieu du xive siècle. En effet, l'arrêt entre Jehan Ducloz et Jehan Morel, où il est fait allusion au jugement n° 4 de notre collection, est sans doute de 1348, comme ceux qui le précèdent dans le chapitre 65 de l'*Ancien Stille* (1). Et d'autre part, il semble bien que c'est à cette date au plus tard que notre collection a dû être recopiée dans le manuscrit *A*. Cela résulte, croyons-nous, de la façon même dont fut

(1) Le texte donné par Marnier et Valroger (*loc. cit.*, p. 52, col. 2) donne, il est vrai, la date de 1448 ; mais il semble bien que ce soit une erreur du manuscrit. En effet, au chapitre précédent, on retrouve un jugé de 1348, et, au surplus, l'arrêt entre Jehan Ducloz et Jehan Morel est encore une fois rapporté, bien qu'en termes plus laconiques, en tête du chapitre 69, comme étant de 1358, ce qui est encore une faute pour 1348, sans doute.

apposée, au bas d'une page du ms. *A* contenant notre collection, une mention constatant le transfert de propriété de ce ms. En effet, au bas de la première colonne de la page 223, où sont transcrites les trois premières lignes du n° 4 de notre collection, on voit quelques lignes écrites en cursive négligée, le ms. ayant été préalablement mis la tête en bas. En remettant le manuscrit dans cette position, on lit : « Je Richard de Baupte | confesse avoir vendu | à Robert le Merchant | cest livre. Temoin | mon signé : Baute (1) ». Or, cette notice, écrite de façon assez négligée, à courtes lignes descendant de gauche à droite, se trouve très proche de la ligne inférieure du texte de la colonne 1, écrit en écriture moulée et assez soignée. Si bien que quelques traits de plume de cette notice et du paraphe entre-croisent des lettres du texte moulé. Il résulte de cette disposition que c'est la notice de vente qui a dû être écrite après coup, sans soin, en prenant à peine garde de ne pas recouvrir le texte transcrit sur la page. Si, en effet, c'était au contraire la notice qui avait été écrite la première, le copiste du texte soigné aurait évité d'en approcher trop près et aurait seulement écrit en bas de la première colonne deux lignes de l'arrêt n° 4, au lieu d'en écrire trois, reportant la troisième en haut de la deuxième colonne. Cette antériorité de nos arrêts à la vente du ms. *A* à Robert le Merchant par son propriétaire Richard de Baupte nous est un précieux point de repère, car nous savons à peu près à quelle époque vivait ce dernier. Celui-ci a eu en effet l'heureuse idée de transcrire aux pages 220-222 de son manuscrit un acte le concernant passé en 1309 devant le vicomte de Caen. Richard de Baupte, qui s'y donne comme clerc, devait donc y avoir vingt et un ans au moins (2). Il est par conséquent fort vraisemblable que la mention de

---

(1) Cf. E.-J. Tardif, *Coutumiers de Normandie*, t. I-1, p. xviii, n. 1.
(2) C'était l'âge de la majorité en Normandie : Voir *Summa de Legibus*, ch. 42, § 2.

vente se place avant le milieu du xiv⁰ siècle, époque où Richard de Baupte avait au minimum soixante ans. — Nos arrêts étant antérieurs à leur transcription dans le ms. *A*, et cette transcription l'étant elle-même à la vente du ms. à Robert le Merchant, il y a de fortes vraisemblances pour qu'ils soient de la première moitié du xiv⁰ siècle, peut-être même du premier tiers ou du premier quart. Nous arrivons ainsi aux mêmes conclusions que par l'étude interne de notre collection (1). — Quant au jugement n⁰ 8, qui n'est donné que par le ms. *B* et ne fait pas partie intégrante de la compilation de jurisprudence dont nous nous occupons, on peut seulement dire de lui qu'il est antérieur à son insertion dans le ms. *B*. Or, on sait que celui-ci a été terminé vers 1403 (2).

[*INCIPIUNT ARRESTA SCACARII*]*

1. — Deus freres furent dont l'un vendi son (1) heritage a .i. proudhoume (2). Et li achatouor dit que il ne paeroet (3) pas lez deniers se li autre frere (4) ne li fasoet chartre (5) que il ne demanderoet rien en chele chose, si comme (6) il la

(1) Il faut cependant remarquer que le résultat auquel nous arrivons par étude externe du ms. *A* n'est rigoureusement vrai que pour les cinq premiers textes de notre collection qui seuls s'y trouvent en tout ou en partie. Cependant nous croyons qu'on peut l'étendre aux textes n⁰ˢ 6 et 7, car ceux-ci forment dans le ms. *B* un tout bien homogène. Au surplus, dans le ms. *A* comme dans le ms. *C*, tous deux incomplets, il est facile de remarquer au nombre des folios ménagés en blanc à la suite de notre collection, que la collection devait comprendre plus d'arrêts que ceux recopiés effectivement.

(2) E.-J. Tardif, *Coutumiers de Normandie*, t. I-2, p. vɪɪɪ et note 1.

(*) Cette rubrique n'est donnée que par *C*.

(1) *B* : *un*.

(2) *B* : *homme*.

(3) *B* : *ne luy poiera*.

(4) *C* : *partie*.

(5) *C* : *chastre*.

(6) *C* : *quer* au lieu de : *si comme*.

porroet retrere par borse dedens l'an et le jor par lignage (1).
Et (2) il (3) li fist chartre (4) que riens ne demanderoet (5).
Icil frere, qui fist la chartre au preudoume (6) de chele qui-
tance de marchie (7), si a .i. fiz et cil fiz (8) ne manest
onques oveques luy (9), ainz (10) manet quiez .i. autre
proudoume (11), et (12) vient et demande cel heritage (13)
par borse (14), si comme son oncle l'a vendu dedens l'an et le
jor. L'achatouor dit que li enfant qui est dedens aage et n'est
pas (15) familie du pere (16) ne ne tient partie de pere ne de
mere (17); por quoi il dit que il ne le doet pas avoer (18), si
comme (19) son pere li seela le marchie (20). Jugement dit (21)
si comme (22) il n'est hors familie du pere ne ne tient rien
par partie de pere ne de mere, que li pere le puet prendre

(1) B et C omettent *par lignage.*

(2) C : *que,* sans ponctuation.

(3) B omet *il.*

(4) C : *que il fist la chastre au proudomme.*

(5) B omet : *que riens ne demanderoet.*

(6) C omet : *au preudoume.*

(7) B remplace les mots : *de chele.... marchie* par : *que il ne demanderoit riens audit marchie.* — C les remplace par la leçon suivante : *promist que il ne demanderoit rien en la chose dedens l'an et le jour,* suivie d'un point.

(8) C remplace : *cil fiz* par : *icellui.*

(9) B :*.... filx qui onc maigny ovec son pere.* — C :*.... icellui ne maint avecques son pere.*

(10) B ajoute *tous jours.*

(11) B : *maint ovec son ael.* — C : *maint quieulx un scien oncle.*

(12) B omet *et.*

(13) B : *marchie.*

(14) B omet : *par borse* et le remplace par les mots : *dedens l'an et le jour,* supprimés à la fin de la phrase.

(15) B omet : *dedens aage et n'est pas.* — C omet seulement : *et.*

(16) B : *de pere et de mere.*

(17) B remplace les mots : *de pere ne de mere* par les mots : *de nul d'eulx,* et ajoute : *et est encore en petit aige.*

(18) B C : *ne doit pas avoir le marchie.*

(19) B : *puis que.*

(20) B : *son pere luy lessa.* — C : *son pere le cela.*

(21) B C : *dit que.*

(22) Finale du ms. B : *si comme il est en petit aage et il n'est fors que familie de pere et de mere ne ne tient rien d'eulx que le pere ne peut prendre comme le sien que il n'en portera pas le marchie.*

comme sucn que il n'en portera (1) pas le marchie por l'obligation du perc (2).

2. — Se aucun demande aucune (3) rente ou aucun (4) heritage par borse (5) par raison de son cousin ou de son nevou ou d'aucun qui li apartiegne de lignage (6), se le devant (7) dit heritage ne li puet escheer et avenir par droete escheance d'eritage de la coste dont le lignage li mouvret (8), il n'auroet point le marchie (9), ainz demorroet à l'achetouor, si comme (10) il ne li porroet eschaer par lingage (11).

3. — Se (12) aucun proudoume va a son heritage qui li est escheu de son ancesor ou de son cousin ou de sa nieche ou de son(t) parent et va (13) et entre dedens comme en son propre heritage qui li est escheu, et vient (14) .i. autre et (15) li deforche (16), cil se plent a la justice que l'on li a fet forche si comme il estoet entres en la sesine de son heritage. Justice fet ajorner les deuz parties devant luy. Cil le querele (17) de la forche que li autre li a fete. Li autre le (18) noie et offre a deresnier (19)

(1) *C* : *aura.*

(2) *C* remplace les mots : *par l'obligation du pere* par les mots : *auquel marchie le pere avoit renonché par la chartre dessusdite.*

(3) *C* omet *aucune.*

(4) *C* omet *aucun.*

(5) *B* ajoute : *et par lignage et.*

(6) *B* remplace les mots : *par raison..... de lignage* par les mots : *d'aucun qui le tiengne.*

(7) *B* : omet *devant.* — *C* remplace : *le devant dit* par : *celui.*

(8) *B* remplace les mots *et avenir..... mouvret* par les mots : *par coste dont il seroit du lignage* — *C* par les mots : *du coste dont il somme* (sic) *de lignaige.*

(9) *B* : *il ne l'aura pas.* — *C* : *il n'auroit rien ou marchie.*

(10) *B* omet *comme.*

(11) *Sic* dans le ms. *A* — *B* : *lignage* — *C* omet cette dernière incidente.

(12) *B* omet *Se.*

(13) *B* omet : *ou de son cousin... et va.*

(14) *B* omet : *dedens comme..... et vient.*

(15) *B* : *qui.*

(16) *B* ajoute : *ment* (?) ou *nient.*

(17) *B* remplace les mots : *Cil le querele* par les mots : *et se plaint.*

(18) *B* : *luy.*

(19) *B* ajoute : *sen* (?).

que la forche ne li fist (1). Cil a qui la forche a este fete dit
que il ne prendra ja sa deresne ne sa loy, si comme che est
d'heritage, et requiert a la justice que l'on enquere (2) la
forche qui li a este fete, par bonne gent qui cen virent. Jugement dit que l'enqueste sera eue et sera le leu (3) veu ou la
forche fut fete et cil amendera la loy que il vouloet guagier.

4. — Se aucun proudoume tient un heritage d'un autre
houme (4) par xx. sols de rente (5), et cil a qui la rente est
deue en vent a celui qui doet la rente (6) .x. soudeez, ou .xij.,
ou plus (7), mes que toute ne li vende, et les freres au devant
dit (8) vendeor (9) demandent a(10) avoer icel marchie par la
borse dedens l'an et le jor, l'achateor dit encontre que il ne
veut pas que il l'aet(11), si comme il le fet por sa rente apeti-
chier et descroestre et si comme il convendroet que il fust
houme a deuz et lor feist houma ge d'une meimez rente et
d'une chose. Jugement dit que l'achatouor tendra et porserra
le devant dit marchie(12) par devant le frere, por che que(13)
il ne fera pas houmage en deuz leuz (14).

5. — Se aucun proudomme a. ij. filx et li usage est tel que

(1) *B* ajoute : *il oncques.*
(2) *B* : *que il enquierge de.*
(3) *B* : *le fieu.*
(4) *B* omet : *houme.*
(5) *B* ajoute : *par an.*
(6) *B* : *a celuy qui la rent.*
(7) *B* omet : *ou plus.*
(8) *B* omet : *devant dit.*
(9) *B* ajoute : *ou autres du lignage.*
(10) *B* remplace les mots : *demandent a* par le mot : *veullent.*
(11) *B* : *que ils aient cil marchie.*
(12) *B* : *jugement dit que cil marchie demourra a l'achetour.*
(13) *B* ajoute : *d'une propre chose.*
(14) Cette jurisprudence est conforme à celle qui résulte d'un arrêt d'Échiquier de 1245 conservé dans la quatrième compilation (Texte français :
L. Delisle, *Jugements de l'Echiquier*, n° 769. Texte latin : Auvray, *Jugements
de l'Ech. de Normandie...*, dans la *Biblioth. de l'Ecole des Chartes*, 1888, t. 49,
p. 640). Elle fut postérieurement abandonnée, comme le prouve l'arrêt entre
Jehan Ducloz et Jehan Morel inséré dans le ch. 65 du plus ancien *Stille de
Proceder* de Normandie (éd. Marnier et Valroger, *Mém. des Antiq. de Normandie*, t. XVIII, p. 53, col. 2).

l'ainsne en doit tout (1) porter, et avient que (2) li ainsne se marie et a femme et enfans et soit ainxi que li pere luy ait tout donney aux espousailles en telle maniere que il ne puisse riens vendre, eschangier ne engaigier que tout ne remaigne a luy et en telle maniere que ledit pere ne se dessaisist de riens, et avient que li ainsne meurt, et son enfant demeure ovecque son ael, et avient apres que cil ael meurt, et apres sa mort l'enfant de celuy ainsne demande a avoier celle escheance comme il luy est escheue de son dit ael et comme il povoit venir a son pere, et le don qui luy fut fet, et comme il demouroit tous jours ovec l'ael. Li puisne filx requiert a avoir l'escheance de son pere, si comme il n'en fu onques dessaisi. L'en dit par l'usage de Nor[mandie] que li puisne l'emporte par devant les neveupx (3). Lors avient que ledit puisne qui emporte l'escheance de son pere par devant ses neveupx prent femme et a enfans et vit longuement. Et après il meurt. Ses hers demandent l'escheance de leur pere et l'ont. Et le filx de l'ainsne demandent a avoir l'escheance de son oncle et emplede a ses cousins (4). Par le jugement de la coustume de Nor[mandie], il l'emporte et en sont les filx au puisne dessaisis.

6. — Trois freres sont ; li ainsne se marie et a enfans et puis meurt. Et avient que les .ij. puisnes demeurent. Si s'en meurt le derrain ne n'a nul enfant. Et a conquis yceulx heritages de sa gaigne. Le frere vivant requiert a avoir la saisine de son frere. Les filx de l'ainsne, qui sont nepveux, requierent a avoir l'eschete de leur oncle, tout au tel comme leur pere l'eust se il vequist. Jugement dit qu'il l'emporteront par devant l'oncle (5).

(1) *A* : *trestout.*

(2) Ici s'arrête le ms. *A.*

(3) L'ancien *Stille de Procéder*, ch. 64 (éd. cit., p. 52, col. 1) cite comme de 1358 un arrêt d'Échiquier rendu en sens contraire, dans l'hypothèse inverse où le *de cujus* s'était dessaisi de son vivant entre les mains de son fils aîné qui, en mourant, avait transmis la saisine des biens à ses fils.

(4) Le ms. ponctue après le mot *Normandie.* Il nous semble préférable de ponctuer ici, au point de vue du style même, et par symétrie avec la façon dont est rapportée, au milieu du même texte, une première décision rendue également en conformité de la coutume.

(5) Voir en sens contraire l'arrêt donné comme de 1358 dans l'*Ancien*

7. — Se aucun homme achate a .i. autre en .i. marchie ou en une foire .i. cheval ou une robe et il cuidast certainement que celuy qui luy vent soit proudehomme et loial et ledit cheval ou robe eussent este emblees et l'en le fait arrester sur celuy qui l'a achetee et cil qui le fait provast devant justice la chose estre sove par proudes hommes et loiaux, et que il n'eust fait chose par quoy elle luy deust estre estrangee ne esloingnee, et il requierge que la justice luy face avoir le sien, si comme il la prouvera. L'autre requiert a avoir ses deniers si comme il l'acheta a la veue de bonnes gens en plain marchie. Li sieutour l'emmerra sans deniers rendre et li achetour perdra ses deniers. Et si sera pendu se il ne peut prouver que il l'achetast en plain marchie ou en plaine foire.

---

8. — Une femme fu marice et se departi de son mary. Le mary morut. La femme demande douaire en l'eritage son mary. Le tenant dist si comme elle estoit departie par droite sentence, la coustume estoit que elle n'y devoit point avoir de douare. La femme dist que puis que la cause pour quoy nous departissmes n'estoit pas de mon meffait ne n'avoit este trouvee en moy elle devoit avoir douaire ou droit. Les juges distrent que elle n'auroit pas douaire. Quant .i. clerc, sire de loys (1), dist que il convendroit savoir la cause pour quoy ils departirent, et se il avoit este deservi puis le mariage ou devant. Trouvey fu que le mari avoit geu ovec la cousine de sa femme puis le mariage (2). Donc dist le sire de loys que

Stille, ch. 64, alinéa second. — La jurisprudence était moins rigoureuse envers l'oncle puîné lorsque la succession du *de cujus* contenait des *héritages* et non des *conquêts* : voir un arrêt d'Échiquier cité par le même *Ancien Stille*, au ch. 65 (éd. Marnier et Valroger, p. 53, col. 2, ligne 61). Cet arrêt est daté de 1216 par le *Stille*. Il semble que ce soit une erreur pour 1316 ou toute autre date.

(1) C'est-à-dire versé dans l'étude du droit non-coutumier: romain et canonique. L'expression « *seigneur de lois* » se retrouve en particulier avec ce sens dans Beaumanoir, *Coutumes de Beauvoisis* (éd. Salmon), nᵒˢ 405, 718, et 1137.

(2) De l'adultère du mari avec une parente de sa femme résultait l'empêchement d' « *affinitas superveniens ex copula illicita* » qui rendait impossible

quant le mariage avoit este fait a droite cause et loial et le mari avoit fe le meffet depuis pourquoy ils estoient departis, que la femme devoit avoir douaire; mes se le fait eust este fait avant le mariage, le mariage n'eust oncquez rien valu (1); par quoy elle n'eust point de douare. Les jugeours s'acorderent a son jugement et l'emporta.

ERNEST PERROT.

la continuation de la vie conjugale et amenait la séparation des époux. V. A. Esmein, *Le Mariage en Droit canonique*, t. I, p. 382-383.

(1) L' « *affinitas ex copula illicita* » antérieure au mariage rendait celui-ci nul *ab initio* ; *ibid.*, p. 377.

NOUVELLE
REVUE HISTORIQUE

DE

DROIT FRANÇAIS ET ÉTRANGER

PUBLIÉE SOUS LA DIRECTION DE MM.

Rodolphe DARESTE
Membre de l'Institut,
Conseiller honoraire à la Cour de Cassation.

Adhémar ESMEIN
Membre de l'Institut,
Professeur à la Faculté de droit de Paris,
Président de section à l'École pratique
des Hautes-Études.

Joseph TARDIF
Docteur en droit, Archiviste-Paléographe.

Maurice PROU
Professeur à l'École des Chartes.

Georges APPERT
Docteur en droit, Secrétaire de la Rédaction.

Cette revue paraît tous les deux mois par livraisons de **10** feuilles environ et forme chaque année un beau volume in-8° de mille pages.

Les trente premiers volumes parus (1877 à 1906) avec les Tables de la *Revue de Législation* et de la *Nouvelle Revue historique* (1870-1885), 1 brochure.. **250** fr.

Chaque volume se vend séparément : 15 fr. de 1877 à 1889 et 18 fr. de 1890 à 1900.
Les Tables seules.. **3** fr.

PRIX DE L'ABONNEMENT ANNUEL :

Pour la FRANCE........ **18** fr. — Pour l'ÉTRANGER........ **19** fr.

VIENT DE PARAITRE :   6ᵉ Année 1910

REVUE DE DROIT INTERNATIONAL PRIVÉ

ET DE

DROIT PÉNAL INTERNATIONAL

Fondée par **A. DARRAS**

Continuée par **A. de LAPRADELLE**
Professeur agrégé à la Faculté de droit de Paris, Associé de l'Institut de droit International

SOUS LE PATRONAGE DE MM.

A. LAINÉ
Professeur à la Faculté
de droit de Paris

A. WEISS
Professeur à la Faculté
de droit de Paris

A. PILLET
Professeur à la Faculté
de droit de Paris

DE BŒCK
Professeur à la Faculté
de droit de Bordeaux

E. AUDINET
Professeur à la Faculté
de droit d'Aix

E. BARTIN
Professeur à la Faculté
de droit de Paris

et avec la collaboration de jurisconsultes, magistrats et professeurs français et étrangers

Secrétaire de la rédaction : **P. GOULÉ**, Docteur en droit, ancien magistrat

Abonnement annuel :

France......... **20** francs. — Étranger.......... **22** fr. **50**

BAR-LE-DUC. — IMPRIMERIE CONTANT-LAGUERRE.

www.ingramcontent.com/pod-product-compliance
Lightning Source LLC
Chambersburg PA
CBHW050447210326
41520CB00019B/6111